WIE IN IMMOBILIEN INVESTIEREN? EIN ABSOLUTER LEITFADEN ZUR VERWALTUNG IHRES VERMÖGENS IN REITS

Inhalt

NACH VORNE

Definition einer Immobilieninvestition

Durch den Einsatz von Immobilienvermögen als Anlageinstrument erwirtschaften Immobilieninvestitionen auf verschiedene Weise Gewinne. Zu den einfachen Methoden, dies zu erreichen, gehören der Besitz von Immobilien, die Erzielung von Cashflow durch Mieteinnahmen und der Verkauf des Vermögenswerts für zusätzliches Geld aufgrund der Wertsteigerung.

Wenn Immobilieninvestitionen gut durchgeführt werden, haben sie das Potenzial, den Aktienmarkt zu übertreffen und Wohlstand zu schaffen, der Generationen überdauert. Es gibt vier

Hauptmöglichkeiten, mit dem Besitz von Immobilien Geld zu verdienen. Dazu gehören Dividenden aus dem Besitz von REIT-Anteilen (Real Estate Investment Trust), Mieteinnahmen, Kapitalgewinne, zusätzliche Kapitalerträge und so weiter.

• Immobilieninvestoren nutzen eine Reihe von Strategien, um mit Immobilieninvestitionen Geld zu verdienen.

• Beispiele für Immobilieninvestitionen sind der Verkauf von Häusern, deren Vermietung, das Halten von REIT-Anteilen, Nebeneinkommen, Internet-Immobilienplattformen usw.

• Immobilien können über Generationen hinweg Wohlstand schaffen, auch wenn es schwierig ist, die tatsächliche durchschnittliche historische Rendite für Immobilieninvestoren abzuschätzen.

• Immobilieninvestitionen bieten mehrere Vorteile, darunter passive Mieteinnahmen, Immobilienwertsteigerung, Investitionshebel und eine günstige Steuerbehandlung.

Warum sollte ich in Immobilien investieren?

Motive für Immobilieninvestitionen

Immobilieninvestitionen bringen möglicherweise viel Geld auf Ihr Bankkonto, bergen jedoch auch potenzielle Risiken und erfordern eine sorgfältige Prüfung. Hier sind einige der wichtigsten Gründe für Immobilieninvestitionen. (Denken Sie daran, dass weder Wertsteigerung noch Cashflow sicher sind. Um Ihre Gewinnchancen zu verbessern, müssen Sie Nachforschungen über Häuser und Gemeinden anstellen.)

Regelmäßiger Cashflow

Der Besitz eines Eigenheims kann Ihr monatliches Einkommen steigern. Wenn Sie Wohn- oder Gewerbeimmobilien erwerben, können Sie Ihre Flächen an Mieter vermieten. Anschließend erhalten Sie die monatlichen Mietzahlungen per Post. Aber seien Sie vorsichtig: Sie müssen ihre Zahlungsunterlagen überprüfen, wenn Sie die Wahrscheinlichkeit verringern möchten, dass Ihre Mieter eines Tages ihre Miete nicht mehr zahlen.

Große Renditen

Wenn der Wert Ihrer Immobilie im Laufe der Zeit steigt, können Sie sie möglicherweise mit einem erheblichen Gewinn verkaufen. Bedenken Sie jedoch, dass Akzeptanz keine Selbstverständlichkeit ist. Um solch hohe Renditen zu erzielen, müssen Sie in die richtige Art von Immobilien investieren.

. Langzeitstabilität

Da es sich bei Immobilien um eine langfristige Investition handelt, können Sie sie mehrere Jahre lang behalten, während Sie auf eine Wertsteigerung warten. Wenn Sie Ihr Haus vermieten, können Sie möglicherweise ein monatliches Einkommen erzielen, während Sie darauf warten, dass der Wert steigt.

Diversifizierung

Ihre finanzielle Diversifizierung wird durch die Einbeziehung von

Immobilien erhöht, was Ihnen hilft, sich vor Marktschwankungen zu schützen. Nehmen wir an, dass ein Abschwung der Wirtschaft einige Aktien in Mitleidenschaft zieht. Möglicherweise steigt der Wert Ihres Portfolios aus als Finanzinvestition gehaltenen Immobilien, was Sie vor den Verlusten schützt, die Ihre anderen Vermögenswerte erleiden.

Finanzielle Hebelwirkung

Wenn Sie in Immobilien investieren, haben Sie höchstwahrscheinlich nicht das Geld, um ein Haus zu kaufen. Wenn man bedenkt, dass Sie ein Einfamilienhaus mieten möchten, kann der Preis bis zu 200.000 US-Dollar betragen. Dabei spielt die Hebelwirkung eine Rolle. Beim Immobilien-Leverage handelt es sich um den Kauf von Immobilien mit Hilfe fremder Gelder. In diesem Szenario würden Sie sich Geld von Banken, Hypothekenbanken oder Kreditgenossenschaften leihen und es nach und nach zurückzahlen. Auf diese Weise können Sie die Anzahl Ihrer Immobilien vergrößern, ohne dafür den gesamten Preis zahlen zu müssen.

Deflationäre Vermeidung

Immobilieninvestitionen gelten als Inflationsabsicherung. Mieten und Immobilienpreise steigen oft parallel zu steigenden Ausgaben für Waren und Dienstleistungen. Infolgedessen können Anlageimmobilien Ihnen steigende monatliche Einnahmen und Kapitalgewinne bescheren, die Ihnen helfen, Ihre Finanzen zu schützen, während die Kosten für alles andere steigen.

Chance, Kapital aufzubauen

Die Steigerung Ihres Cashflows, oft auch als Kapitalaufbau bezeichnet, ist eines der Hauptziele der Immobilieninvestition. Wenn Sie eine Immobilie verkaufen, deren Wert gestiegen ist, wächst Ihr Kapital. Der Trick besteht eindeutig darin, die richtigen Investitionen in Immobilien zu tätigen, die an Wert gewinnen.

Kontrolle und Zufriedenheit

Der Besitz einer als Finanzinvestition gehaltenen Immobilie bringt zusätzliche nichtfinanzielle Vorteile mit sich. Für viele Anleger ist es von Vorteil, der eigene Chef zu sein, was durch den Besitz von als Finanzinvestition gehaltenen Immobilien ermöglicht wird. Andere Möglichkeiten zur Verbesserung Ihrer Gemeinde bestehen darin, Mietwohnungen anzubieten oder Unternehmen an Gewerbestandorte zu locken, die dringend benötigte Dienstleistungen für die umliegenden Gebiete bereitstellen.

Die drei Hauptkategorien von Immobilienvermögen sind wie folgt:

1.   Wohnen: Gebäude mit ein bis vier Wohnungen. Tante-Emma-Investoren entscheiden sich für diese Art der Immobilieninvestition, da sie am reguliertesten und beliebtesten ist.

2.   Gewerbeimmobilien: Diese umfassende Klassifizierung umfasst Büroflächen, Einzelhandels-, Industrie-, Mehrfamilien-Wohnkomplexe (5+ Einheiten) und andere Arten von Gewerbeimmobilien.

3.   Land: Ob völlig unbebaut, teilweise erschlossen oder landwirtschaftlich genutzt, Land kann eine sehr lohnende Investition sein, hat aber seine eigenen

Besonderheiten und erfordert spezielles Verständnis.

Jeder SMARTe Investor sollte sich Immobilienziele setzen.

Was sind SMART-Ziele in der Immobilienbranche?

Wussten Sie, dass Unternehmen mit klar definierten Zielen zehnmal erfolgreicher sind als solche ohne diese? Laut einer aktuellen Studie der Harvard Business University legen 83 Prozent der Menschen keine Ziele fest, und von denen, die dies tun, erreichen 92 Prozent diese nicht. Erstens: Warum setzen sich so wenige Menschen Ziele? Zweitens: Warum gelingt es nicht mehr Menschen, diese Ziele zu erreichen? Die Antwort ist einfach: Die meisten Menschen setzen sich keine vernünftigen Ziele.

- Spezifisch

- Messbar

- Erreichbar

- Relevant

- Zeit gebunden

Sie können das Akronym SMART verwenden, um den Zielsetzungsprozess für Ihr Immobilienunternehmen zu steuern.

- Geschäftsziele: Eine Organisation kann Ziele haben, die von der Lead-Generierung bis zur Teamerweiterung reichen. Ein Unternehmensziel könnte beispielsweise darin bestehen, innerhalb der nächsten sechs Monate 10 % mehr Social-Media-Follower zu gewinnen. Hierzu können sowohl bezahlte Web-Werbung als auch Mundpropaganda-Marketing eingesetzt werden. Als Unternehmensziel für Investitionsgeschäfte könnten in einem Jahr drei Großhandelsverträge abgeschlossen werden . Ihr Unternehmen bestimmt genau, wo Sie anfangen sollen.

• Das Setzen persönlicher Ziele ist ein hervorragender Ansatz, um sicherzustellen, dass Ihr Wachstum mit dem Ihrer Investmentgesellschaft übereinstimmt. Zu den persönlichen Zielen gehört oft, ein Jahr lang jeden Monat ein Buch zu lesen oder sich einen Investment-Podcast pro Woche anzuhören.

Persönliche Ziele können Ihnen dabei helfen, neue Kontakte zu knüpfen, Ihre täglichen Aufgaben zu erweitern und Ihre Fähigkeiten zu erweitern.

• Familienziele: Es ist wichtig, sich Zeit für Familie oder Freunde zu nehmen, während sich Anleger auf SMART-Ziele für ihre berufliche und persönliche Entwicklung konzentrieren. Ein gutes Beispiel für ein Familienziel ist die Festlegung eines wöchentlichen anruffreien Tages, um mehr Zeit mit Ihren Lieben zu verbringen. In ähnlicher Weise entscheiden sich viele Anleger möglicherweise dafür, sich in den Ferien eine Auszeit zu nehmen oder einen Familienausflug zu organisieren. Bedenken Sie, dass diese Ziele beim Aufbau eines erfolgreichen Immobilienunternehmens entscheidend für die Förderung des Gleichgewichts sein können.

Wie können Sie sinnvolle Immobilieninvestitionen tätigen?

- Geschäftstechniken
- Fix-and-Flip. Das Finden von Häusern, an denen Arbeiten erforderlich sind, das Durchführen der erforderlichen Reparaturen und das anschließende Weiterverkaufen für Spitzenpreise, um einen Gewinn zu erzielen, wird als „Fix-and-Flip"-Methode bezeichnet.
- Darunter fallen der Großhandel, Hausdiebstahl,

Wohnen-in-dann-Miete, Wohnen-in-dann-Miete, BRRRR-Investitionen, kurzfristige Buy-and-Hold-Mieten, langfristige Buy-and-Hold-Mieten und Wohnen-in-dann-Mieten Kategorie.

Welche Immobilientaktik ist die profitabelste?

Anerkennung
Immobilienwertsteigerung – eine Wertsteigerung der Immobilie, die beim Verkauf berücksichtigt wird – ist in der Branche die gängigste Methode zur Geldgenerierung. Die wichtigsten Faktoren, die den Wert von Wohn- und Gewerbeimmobilien beeinflussen, sind Lage, Entwicklung und Aufwertung.

23

Wie kann die Risikotoleranz bewertet werden?

Häufig werden Anleger befragt, um ihre Risikotoleranz zu ermitteln. Dazu könnte die Beurteilung ihres Zeithorizonts, ihrer verfügbaren Vermögenswerte und ihres Einkommensbedarfs sowie ihres Komfortniveaus bei anhaltender Marktvolatilität und dem Verbleib in Investitionen während eines Markteinbruchs gehören.

Was bedeutet Immobilienrisikotoleranz?

Das Ausmaß oder die Art des Risikos, das ein Anleger tragen kann oder zu akzeptieren bereit ist. Beispielsweise können Immobilienkäufe recht lukrativ sein. Die Immobilie kann von einem Investor aufgewertet werden, der sie dann für viel mehr Geld weiterverkaufen kann.

Wie lassen sich Risiken in Immobilien analysieren?

Die damit verbundenen Gefahren variieren je nach den Besonderheiten Ihres Projekts und der betreffenden Immobilie. Die Analyse des Immobilienrisikos kann mithilfe verschiedener Techniken durchgeführt werden, beispielsweise der Break-Even-Analyse, der quantitativen Analyse und der Analyse von Finanzindizes.

Wie gut verstehen Sie den Immobilienmarkt?

- Immobilienmarktanalyse: 6 Schritte im Detail

- Untersuchen Sie die Einrichtungen und die Qualität der Gemeinschaft.
- Erhalten Sie lokale Immobilienwertschätzungen.
- Wählen Sie für Ihre Immobilienmarktstudie Vergleichswerte.
- Ermitteln Sie den durchschnittlichen Listenpreis für ähnliche Immobilien.
- Passen Sie Ihre Vergleichswerte an, um Ihre Marktanalyse zu verfeinern.

Welcher Aspekt einer Immobilie ist am wichtigsten?

Die wichtigsten Überlegungen bei Immobilieninvestitionen

Die Maxime „Standort, Standort, Standort" gilt nach wie vor und ist nach wie vor das wichtigste Element für den Erfolg einer Immobilieninvestition.

Wie kann man lokale Immobilienmarktforschung betreiben?

So führen Sie eine Analyse des Immobilienmarktes durch

- Schritt 1: Wählen Sie ein Viertel oder einen bestimmten Ort aus.
- Schritt 2: Untersuchen Sie Ihre Rivalen.
- Schritt 3: Recherchieren Sie die gewünschten Stadtteile.
- Schritt 4: Überprüfen Sie die physischen Aspekte des Bereichs oder der Immobilie.
- Schritt 5: Bewerten Sie die Leistung des Bereichs.

Wie sind die Bedingungen auf dem lokalen Immobilienmarkt?

Kurz gesagt: Wenn mehr Häuser zum Verkauf stehen als potenzielle Käufer, sinken die Immobilienpreise. Wenn weniger Immobilien verfügbar sind als potenzielle Käufer, steigen die Immobilienpreise. Wenn fast so viele Häuser zum Verkauf stehen wie Käufer, spricht man von einem ausgeglichenen Markt.

Wie ist ein Nachbarschaftsmarkt zu bewerten?

Eine gründliche Marketingstudie sollte die folgenden Fragen beantworten:

Wer sind meine potenziellen Kunden?

Welche Kaufgewohnheiten haben meine Kunden?

Wie groß ist mein Zielmarkt?

Welche Preisspanne werden Kunden für mein Angebot akzeptieren?

Wer sind meine Hauptkonkurrenten?
Was sind die Vor- und Nachteile meiner Konkurrenten?

Optionen zur Finanzierung einer Immobilieninvestition

Für die Finanzierung Ihres Eigenheims wird Bargeld verwendet.

Die erste Möglichkeit besteht darin, die gesamten Kosten der Immobilie im Voraus in bar zu bezahlen. Um dies zu erreichen, müssen Sie natürlich über die erforderlichen Materialien verfügen. Vorteile: Da die Finanzierungssorgen des Verkäufers durch die vollständige Vorauszahlung entfallen, steigen Ihre Chancen auf einen erfolgreichen Hauskauf. Als Gegenleistung für die Einfachheit, die Bargeld bietet, ermöglicht Ihnen der Kauf mit Bargeld, Immobilien mit erheblichen Rabatten zu kaufen.

Kunden, die bar bezahlen, vermeiden zudem die hohen Zinsgebühren, die bei konventionellen, Festgeld- oder Privatkrediten anfallen.

Nachteile: In dieser Situation ist das Risiko-Rendite-Verhältnis wichtig. Barzahlungen sind sicherer und umsichtiger, es gibt jedoch eine Grenze hinsichtlich der Höhe, die Sie verdienen dürfen. Stellen Sie sich das so vor: Wenn Sie 250.000 US-Dollar in bar ausgeben und die Immobilie anschließend für 2.000 US-Dollar pro Monat vermieten, erhalten Sie im Jahr einen Bruttoumsatz von 24.000 US-Dollar oder eine Bruttoinvestitionsrendite von 9,6 %. Alternativ würden Ihre monatliche Kapital- und

Zinszahlung 977 US-Dollar betragen, wenn Sie 50.000 US-Dollar eingezahlt und ein 30-jähriges Darlehen zu 5 % aufgenommen hätten.

Für die Finanzierung Ihrer Immobilie können Sie einen Privatkreditgeber beauftragen.

Kreditgeber, die unabhängig von Finanzinstituten Geschäfte machen, werden als Privatpersonen bezeichnet. Durch die Kreditvergabe an Menschen, die den Wert ihrer als Finanzinvestition gehaltenen Immobilien steigern, erzielen sie oft einen Gewinn.

Vorteile: Im Vergleich zu etablierten Institutionen sind private Kreditgeber oft weitaus flexibler, wem sie Geld leihen und wie schnell sie dies tun können. Sie können auf vielfältige Weise davon profitieren, wenn sie Sie für eine sinnvolle Investition halten. Dies kann hervorragend sein, wenn Sie das Standardhypothekenprofil nicht erfüllen (z. B. wenn Ihre Bonität schlecht ist).

Zur Finanzierung Ihrer Immobilie können Festgelddarlehen genutzt werden.

Einige Kreditnehmer gehen auf diese Weise mit privaten Kreditgebern um. Es wird als „Hard Loan" bezeichnet, da es durch einen materiellen Vermögenswert, in diesem Fall eine Immobilie, besichert ist. Bei diesem Darlehen handelt es sich um eine Art Überbrückungsdarlehen, eine kurzfristige Vereinbarung, die Geld bereitstellt, bis das Haus verkauft werden kann oder eine zuverlässigere Finanzierungsquelle gefunden werden kann.

Besorgen Sie sich eine banKübliche Finanzierung für Ihr Eigenheim.

Die typischste Art der Finanzierung ist diese. In diesem Fall gibt ein Finanzinstitut dem Kreditnehmer Geld auf der Grundlage seiner Bonitätshistorie und seines Potenzials zur Rückzahlung des Kredits.

Vorteile: Während die Zinssätze für Kredite für als Finanzinvestition gehaltene Immobilien höher sind als für Hypotheken für Hauptwohnsitze, führt die Nutzung dieser Option oft zu niedrigeren Zinssätzen als die Nutzung eines privaten Kreditgebers. Darüber hinaus kann, wie bereits erwähnt, die Finanzierung über eine Bank Ihre potenzielle Rendite optimieren, je nachdem, wie viel Bargeld Sie für eine Anzahlung zur Verfügung haben.

Nachteile: Risiko ist eines der möglichen Probleme. Eine Hypothekenzahlung während eines Leerstands einer Mietimmobilie kann Ihre Einnahmen erheblich reduzieren. Kreditnehmer haben möglicherweise nur eine bestimmte Anzahl traditioneller Hypotheken gleichzeitig offen, und Banken haben erheblich strengere Kreditvergabekriterien und ein viel langwierigeres Genehmigungsverfahren als private Kreditgeber.

Hinweise darauf, dass Sie eine als Finanzinvestition gehaltene Immobilie kaufen sollten

Sie haben eine gute finanzielle Lage

Insbesondere wenn Sie die Immobilie an Mieter vermieten möchten, erfordern Anlageimmobilien ein weitaus höheres Maß an finanzieller Stabilität als Privatwohnungen. Bei Anlageimmobilien verlangen die meisten Hypothekengeber von den Kreditnehmern eine Anzahlung von mindestens 15 % des Kaufpreises. Beim Kauf Ihres ersten Eigenheims ist dies jedoch häufig nicht erforderlich. In mehreren Bundesstaaten müssen Eigentümer von als Finanzinvestition gehaltenen Immobilien außerdem die Genehmigung ihrer Wohnungen durch Prüfer einholen, bevor sie ihre Immobilien vermieten, und zusätzlich eine höhere Anzahlung leisten.

Stellen Sie sicher, dass in Ihrem Budget genügend Geld enthalten ist, um sowohl die anfänglichen Ausgaben beim Kauf einer Immobilie (z. B. Anzahlung, Inspektionsgebühren und Abschlussgebühren) als auch die laufenden Instandhaltungs- und Reparaturkosten zu decken. Als Vermieter oder Eigentümer eines Mietobjekts müssen Sie notwendige Reparaturen schnell durchführen, was möglicherweise kostspielige Notreparaturen an Sanitär- und

Heizungsanlagen erfordert. An mehreren Orten haben Mieter das Recht, die Mietzahlungen einzubehalten, wenn Sie defekte Hausversorgungsanlagen nicht umgehend beheben.

Es gibt einen Return on Investment, kurz ROI.

Immobilieninvestoren sehen auf dem heutigen Markt oft einen positiven Cashflow aus ihren Investitionen, aber die besten Investoren berechnen vor dem Kauf ihre erwartete Kapitalrendite (ROI). Befolgen Sie diese Schritte, um Ihren ROI für potenzielle Immobilieninvestitionen zu berechnen.

Bestimmen Sie Ihre jährlichen Mieteinnahmen. Suchen Sie nach ähnlichen Häusern, die zur Miete stehen. Multiplizieren Sie die typische Monatsmiete für den Haustyp, an dem Sie interessiert sind, mit 12, um die Kosten für ein Jahr zu erhalten.

Finden Sie heraus, wie hoch Ihr Nettobetriebsgewinn ist. Nachdem Sie Ihre potenziellen jährlichen Mieteinnahmen berechnet haben, ermitteln Sie Ihr Nettobetriebseinkommen. Ihr Nettobetriebseinkommen ist die jährliche Mietschätzung abzüglich Ihrer Betriebsausgaben. Alle Ihre Betriebskosten sind in Ihren jährlichen Instandhaltungskosten für die Immobilie enthalten. Zu den Kosten zählen unter anderem Bürgerbeiträge, Versicherungen und Grundsteuern. Schließen Sie die Hypothek oder Zinsen aus, wenn Sie Ihre Nettobetriebskosten ermitteln. Ziehen Sie Ihre Betriebskosten von der voraussichtlichen Jahresmiete ab, um Ihr Nettobetriebseinkommen zu erhalten.

Analysieren Sie Ihren ROI. Ziehen Sie Ihr Nettobetriebseinkommen von der Gesamtsumme Ihrer Hypothek ab, um Ihre Gesamtrendite (ROI) zu erhalten.

EINE ANALYSE DES IMMOBILIENMARKTS IN ZWEI PRIMÄREN SCHRITTEN

Erstes Screening in Schritt 1

Um Ihre Aufmerksamkeit auf die vielversprechendsten Bereiche zu lenken, zielt die erste Sichtung einer Immobilienmarktstudie darauf ab, nicht passende Märkte schnell auszuschließen. Sobald Sie ein paar davon erledigt haben, kann diese Phase in nur 10 Minuten abgeschlossen sein. Ich habe mein erstes Screening für diese Übung auf drei „Deal Breaker" eingegrenzt.

Datenressourcen

Die Person, die Ihnen die Immobilie verkauft, sollte eine vorgefertigte Buchhaltung mit detaillierten Mieteinnahmen und Netto-Cashflow nach Ausgaben vorlegen. Sie können Zillow.com nutzen, um Wohnkosten und Mieten in der Gegend zu recherchieren, die Sie kaufen möchten, um die Richtigkeit der Angaben zu überprüfen. Überprüfen Sie die Richtigkeit der Verkäufernummern.

Effektive Immobilienverwaltung

Generell empfehle ich Anlegern, in jedem Markt mindestens zwei seriöse Immobilienverwalter zu finden, da eine schlechte Immobilienverwaltung die häufigste Ursache für das Scheitern von Immobilieninvestitionen ist. Auf diese Weise wissen Sie, worauf Sie zurückgreifen können, wenn der erste Schritt aus irgendeinem Grund nicht funktioniert.

Anstelle eines kleinen Familienunternehmens, das von zu Hause aus operiert, muss es sich bei der Immobilienverwaltungsfirma um ein seriöses Unternehmen handeln. Es sollte eine „starke Gruppe" von Managern, Leasingagenten, Handwerkern usw. anwesend sein, um sicherzustellen, dass der Service nicht durch Abwesenheiten oder Personalfluktuation beeinträchtigt wird.

Durch die Verpflichtung zweier erstklassiger Immobilienverwaltungsfirmen können kleinere Ballungsräume effektiv eingespart werden. In einer Metropolregion mit weniger als 100.000 Einwohnern ist es schon eine Herausforderung, ein seriöses Immobilienverwaltungsunternehm en zu finden, ganz zu schweigen von zwei.

Datenressourcen

Sie sollten sich über die von Ihrem Vermieter empfohlene Hausverwaltung informieren, um herauszufinden, ob diese für Sie geeignet ist. Sie können: So finden

Sie einen zweiten (Ersatz-)Hausverwalter:

Schauen Sie sich die Bewertungen an, indem Sie auf Yelp.com nach „Wohnimmobilienverwaltung" und „Name der Stadt" suchen. Konzentrieren Sie sich auf die Bewertungen der Vermieter statt auf die Bewertungen verärgerter Mieter. Besuchen Sie Meetup.com und suchen Sie nach lokalen Immobilieninvestmentgruppen, in denen sich die Immobilie befindet. Senden Sie eine Empfehlungsanfrage per E-Mail an den Organisator der Meet-up-Gruppe.

Was bedeutet „Due Diligence" im Immobilienkontext?

Vereinfacht gesagt umfasst die Durchführung einer Due-Diligence-

Prüfung das Sammeln von Informationen über die physischen, finanziellen und geografischen Bedingungen der Immobilie. Der Satz „Machen Sie Ihre Hausaufgaben", bevor Sie ein Angebot abgeben und nachdem Ihr Vertrag genehmigt wurde, ist eine hervorragende Möglichkeit, die Sorgfaltspflicht zu beschreiben.

Was ist der Zweck der Due Diligence für einen Verkäufer?

Durch die Durchführung eigener Recherchen vor dem Käufer kann ein Verkäufer leichter erkennen, was nach eigenem Ermessen repariert, korrigiert oder angegangen werden muss, und hat genügend Zeit, um diese Bedenken aus seiner Sicht am effektivsten zu bearbeiten. Mit anderen Worten:

Der Verkäufer kann entscheiden und kontrollieren, welche Karten ihm ausgeteilt wurden.

Welche steuerlichen Auswirkungen haben Immobilieninvestitionen?
Abschreibungen sind steuerlich absetzbare Kosten für Immobilieninvestoren, die Mietobjekte besitzen, die Einnahmen generieren. Infolgedessen haben Sie wahrscheinlich eine geringere Steuerlast und ein geringeres zu versteuerndes Einkommen.

Wie kann ich verhindern, dass für mein Mietobjekt Steuern gezahlt werden müssen?
Durch den Einsatz von Tax Harvesting oder einem verzögerten

1031-Umtausch können Sie die Zahlung dieser Steuer vermeiden. Alternativ können Sie über ein Altersvorsorgekonto investieren oder Ihre Mietwohnung zu Ihrem ständigen Wohnsitz machen. Um zu verhindern, dass Sie nach einer Immobilieninvestition Geld verlieren , vergessen Sie nicht, Ihre Immobilie dauerhaft zu versichern.

Was gilt in den Augen des IRS als als Finanzinvestition gehaltene Immobilie?

Im Allgemeinen gelten Immobilien als Investition, wenn sie mit der Absicht erworben werden, Gewinne zu erwirtschaften, und nicht zum persönlichen Wohnen durch Sie und Ihre Familie.

Es ist von entscheidender Bedeutung, dass Sie die für Sie

beste Ausstiegsstrategie bei Immobilieninvestitionen wählen, da mehrere Optionen in Betracht gezogen werden müssen.

Ihre Wahl wird von einer Reihe von Variablen beeinflusst, darunter:

- Ihre Eigenschaft als Aktionär
- Ihre Absicherung des Schuldendienstes
- Ihre Ziele für kurzfristige Investitionen
- Ihre langfristigen finanziellen Ziele
- Ihre Risikofähigkeit als Investition.

Definieren Sie Ihre Ziele, bilden Sie sich weiter, wählen Sie eine Anlagestrategie, erstellen Sie einen Finanzplan, erhalten Sie eine Finanzierung, bewerten Sie Immobilien, verstehen Sie die Vermögensaufteilung und wählen Sie die Immobilienverwaltung als

Ihre ersten Schritte beim Aufbau eines Immobilienportfolios.

Der Aufbau eines soliden Teams, die Suche nach Mehrwert, die Expansion in neue Bereiche, die Optimierung der Immobilienverwaltung und die Berücksichtigung von Partnerschaften und Syndizierungen sind einige Tipps für die Erweiterung Ihres Immobilienportfolios.

So starten Sie Ihr Immobilienportfolio

Das Ziel eines Immobilienportfolios besteht darin, verschiedene Immobilienvermögenswerte gemeinsam zu nutzen, um ein finanzielles Ziel zu erreichen.

Immobilieninvestoren sollten vor dem Aufbau eines Immobilienportfolios alle Aspekte der Immobilieninvestition vollständig verstehen, obwohl dies von Vorteil sein kann.

Befolgen Sie diese Schritte, um mit der Erstellung Ihres Immobilienportfolios zu beginnen:

Organisieren Sie Ihre Ziele.
Das Setzen von Zielen ist der erste Schritt bei der Gründung eines erfolgreichen Unternehmens. Ihre persönlichen Ziele, finanziellen Ziele und Investitionsziele sind alle von Bedeutung und werden den Weg des Handelns beeinflussen. Sie können einen Plan zur Erreichung Ihrer Ziele erstellen und fundierte

Finanzentscheidungen treffen, indem Sie klare Ziele festlegen. Dieser Plan wird für die Steuerung der Erweiterung Ihres Immobilienbestands von entscheidender Bedeutung sein.

Wählen Sie eine Ausgabenstrategie.
Sobald Sie sich mit dem Wohnungsmarkt vertraut gemacht haben, können Sie mit der Überlegung beginnen, welche Art von Immobilieninvestitionsstrategie Sie anwenden möchten. Ob Sie in Wohnimmobilien, Gewerbeimmobilien oder eine Mischung aus diesen drei Immobilienarten investieren, bleibt Ihnen überlassen. Überlegen Sie, ob Sie sich auf Investitionen in

Mietobjekte konzentrieren möchten, um Einnahmen zu erzielen, oder ob Sie nach Fix-and-Flip-Möglichkeiten suchen möchten. Diese Entscheidungen werden den Rest Ihres Portfolioaufbaus beeinflussen.

Unter Berücksichtigung von Häusern

Sie sollten mit der Immobiliensuche beginnen, nachdem Sie Ihre Finanzierungsmöglichkeiten recherchiert und eine Lösung gefunden haben. Sie sollten mit einer gründlichen Marktforschung beginnen, um Viertel und Häuser zu identifizieren, die Ihren Zielen entsprechen. Anschließend können Sie jede Immobilie bewerten und anschließend eine Due-Diligence-Prüfung durchführen. Der Schlüssel liegt darin, Immobilien auszuwählen , die sowohl Ihre Immobilieninvestitionsstrategie unterstützen als auch es Ihnen ermöglichen, Ihre finanziellen Ziele zu erreichen.

Nehmen wir zum Beispiel an, dass Ihr Ziel darin besteht, ein vielfältiges Portfolio aufzubauen, das sowohl Mietobjekte als auch Renovierungsobjekte umfasst, die Sie vermieten können. Möglicherweise möchten Sie mit der Suche nach Mietwohnungen mit vertrauenswürdigen, langfristigen Mietern beginnen, bevor Sie mit Reparatur- und Sanierungsarbeiten beginnen, damit Sie diese in Betrieb nehmen können.

Wie lässt sich das Risiko bei der Investition in Immobilien reduzieren?

Sie können das Risiko reduzieren, indem Sie Ihre Immobilieninvestitionen diversifizieren. Wenn sich beispielsweise alle Ihre Immobilien in einer Region befinden, in der es häufig zu Naturkatastrophen oder starken Marktschwankungen kommt, wäre Ihr gesamtes Portfolio auf einmal zerstört. Schauen Sie sich verschiedene Bundesstaaten und Orte an, in denen Investitionen sinnvoll sind.

Was sind die Gefahren einer Immobilieninvestition?

Obwohl Immobilieninvestitionen rentabel sein können, ist es wichtig, sich der Fallstricke bewusst zu sein.

Zu den Hauptrisiken zählen schlechte Standorte, schlechte Cashflows, große Leerstände und problematische Mieter. Die Unberechenbarkeit des Immobilienmarktes, latente Strukturprobleme und mangelnde Liquidität sind weitere Gefahren, die es zu berücksichtigen gilt.

Fröhliches Lesen

www.ingramcontent.com/pod-product-compliance
Lightning Source LLC
Chambersburg PA
CBHW071107260726
48661CB00006B/2514